이순자 | 신경미 | 김채완 | 백미정 | 이정숙

우리 엄마가 보면 좋겠어요

우리 엄마가 보면 좋겠어요

1판 1쇄 인쇄 2025년 4월 15일
1판 1쇄 발행 2025년 4월 18일

지은이 이순자 신경미 김채완 백미정 이정숙

발행인 김영대
펴낸 곳 대경북스
등록번호 제 1-1003호
주소 서울시 강동구 천중로42길 45. 길동 379-15 2F
전화 . 02485-1988, 485-2586~87
팩스 . 02485-1488
홈페이지 http://www.dkbooks.co.kr
e-mail dkbooks@chol.com

ISBN 979-11-7168-095-5 03810

※ 이 책은 저작권법에 따라 보호받는 저작물이므로 무단전재와 무단복제를 금지하며, 이 책 내용의 전부 또는 일부를 이용하려면 반드시 저작권자와 대경북스의 서면 동의를 받아야 합니다.

※ 잘못된 책은 구입하신 서점에서 바꾸어 드립니다.

※ 책값은 뒤표지에 있습니다.

※ 작품 이미지 출처 : Alamy, Wikipedia, Wikiart, johnsloaneart.com

들어가는 글

폭싹 속았수다

책 쓰기 코치 백미정

엄마는 엄마대로 행복했어.
엄마 인생도 나름 짱짱했어.
그림 같은 순간이 얼마나 많았다고….
그러니까 딸이, 엄마 인생도 좀 인정해 주라.
<폭싹 속았수다> 드라마 대사 중

희한하다 싶었습니다.
다음 책으로 무얼 쓸까 생각하고 생각하며, 방안 곳곳에 노트를 두고는 떠오르는 단어가 있을 때마다 기록했습니

다. 그리고 소설책이나 그림책에서 반전을 나타내는 단어 '그러던 어느 날'이 저에게도 찾아왔어요.

그래!
우리 엄마가 보면 좋을 것 같은 책을 쓰자!
대한민국 엄마들에게 선물해 드리고 싶은 책을 쓰자!

지난 5년 간 12권의 개인 저서를 출간하고, 작가가 꿈인 400여 분들과 함께 책을 만들었어요. 혼자 책을 쓰는 행위가 빨간 장미 한 송이 같다면, 두 명 이상 모여 책을 출간하는 '공저'는 나무 같았습니다. 같은 뿌리에서 나고 자란 서로의 글과 말에 공감을 흩날려 주며 울고 웃던 축적의 시간들이 마침내 존재의 열매로 맺혀지는 듯했어요.

"이 좋은 걸 왜 안 해요?"라며, 마음의 결이 비슷한 40대 50대 60대 작가님들이 모였습니다. 5명의 작가 5개의 챕터. 사랑의 작대기를 그어 커플을 이루는 것 마냥 한 사람이 한 챕터씩 맡아 각 20편의 글을, 나의 엄마이자 우리 엄마를 머리부터 발끝까지 휘감고 명화와 마음을 펜으로 연결하여 써 내려 갔습니다.

뭐가 희한했냐면요, 이 원고를 진행하는 중에 〈폭싹 속았수다〉 드라마가 시작했고 우리가 담고 싶어 했던 생각과 감정을 오케스트라 연주하듯 다 보여주고 있었거든요. 신께 '계시'를 받은 느낌이랄까요. 그렇게 '엄마'라는 단어는 우리에게 짜릿함을 주었습니다.

1장 '엄마'라는 단어에 묻어있는 감정들

엄마에게 하고픈 말, 하고파도 전하지 못하는 말을, 미처 토해내지 못한 숨에 진심을 담아 흘려보낼 수 있는 도구가 '편지'라고 생각했습니다. '엄마'라는 단어에 묻어있는 감정 단어들과 명화를 이어 편지를 쓰고 싶다는 욕심도 함께요. 글쎄요, 이유는 잘 모르겠어요. 살아내느라 바빠 자신의 감정을 '일 더하기 일은 이'라고 명확하게 말하지 못했던 엄마의 서글픔을 조금이나마 풀어드리고 싶은, 딸의 갸륵한 정성 정도라면 명분이 될 것 같습니다.

눈물로 글을 써 주시고 감사로 마침표 찍어주신 이순자 작가님, 축복합니다.

2장 엔딩 문장을 위해

1장의 편지글과 감정 단어로 마음이 몽글몽글해진 엄마의 모습을 상상해 보았습니다. 그 뒤에 엄마는 무얼 하고 싶어 할까, 우리 엄마가 무얼 하면 좋을까 생각했어요. 엄마도 글을 썼으면 좋겠다는 희망이 생겼습니다.

엄마에게 최강의 도움이 되는 글쓰기, 자연스레 글을 쓸 수 있도록 도와드릴 수 있는 방법이 무얼까, 베끼어 쓰는 '필사'가 딱이었습니다. 엄마의 손끝과 눈끝에서 마지막으로 가져가고 싶은 문장을 선물로 드리고 싶었어요. '엔딩 문장을 위해' 2챕터의 제목이 피어오르는 순간이기도 했고요.

이 또한 명화와 연결해서 엄마에게 있는 찬란한 가치들을 찾아드리고자 했습니다. 명화와 가치 단어 그리고 필사 문장을 하나로 매듭짓기 위해 한 자 한 자 공을 들였습니다.

하나의 문장을 창조하기 위해 열 개의 문장을 만들어 오셨던 신경미 작가님, 그대의 애씀과 진심에 고개를 숙입니다.

3장 둥글게 그리고 의연하게

　둥글다 : 성격이 모가 나지 않고 원만하다.
　의연하다 : 의지가 굳세어서 끄떡없다.

편지를 읽고 문장을 필사하며 엄마와 딸의 마음에 벚꽃잎이 휘날리고 있으리라, 미소를 지었습니다. 서로에게 훈훈함이 생겼으니 대화를 주고받아도 괜찮겠다 싶었어요. 모가 나지 않고 원만한 둥근 마음으로 그러나 서로의 의지는 굳세게 지켜가면서요.
질문은 엄마를 천사로 만들어 주기도 하고 소녀로 만들어 줄 수도 있는 마법과도 같은 도구입니다. 명화를 감상한 후 만들게 된 질문 20편이 엄마와 딸이 함께 가꾸어가는 정원이길 바랍니다.
꽃이 그려진 명화를 보면 김채완 작가님을 떠올리게 되었어요. 아름다운 향기를 지니고 있기에 작가로서 미래가 더 기대되는 김채완 작가님, 필연에 감사합니다.

4장 문득, 다시 행복

제가 썼습니다. 시 쓰는 걸 좋아하기도 하고, 엄마에게 잔소리할 때는 직설화법을 쓰지만 사랑을 표현하기엔 서툰 딸인지라 시로 제 마음을 전하면 좋겠다는, 조금의 자기합리화와 비겁함을 숨겨 두었습니다.

시를 쓰며 알게 되었어요. 나는 엄마에 대해 제대로 알고 있는 게 하나도 없다는 것을요. 그럼에도, 부끄러운 저의 고백을 딸의 고백을 대한민국 엄마들이 낭독해 주시길 희망합니다. 내 목소리가 내 귀에 들리도록 소리 내어 읽는 행위는 영혼을 치유해 준다고 해요. 몸 건강 마음 건강에 보약인 낭독 후, 엄마에게 하고 싶은 말을 수록해 두었습니다.

시를 낭독하고 엄마에게 하고 싶은 말로 소통하며 '문득, 다시 행복'을 느끼시길 바랍니다. 두 손 모아.

5장 엄마의 빈칸은 무엇인가요

이정숙 작가님이 써 주신 5장의 글들을 읽으며 감동을 넘어 충격을 받았습니다. 40대 엄마인 저로서는 살아내지 못했던 삶과 감정을 60대 엄마인 작가님이 담담히 써 주셨어요. 일제 강점기, 밥 동냥, 비녀, 바느질…. 쇠 냄새가 날 것 같은 단어들이 주는 무게감은 상당했습니다.

그리고 이제는, 엄마 자신도 잊고 있었던 엄마의 빈칸을 채워 주시길요. 엄마에게 '사람'이란 '마주 잡은 손'이란 '머리카락'이란 '고독'이란 '굳은살'이란 무엇인지요?

10년이 지나고 20년이 지나도 이 책을 펼쳐보게 될 것 같습니다. 왜냐하면, 그때도 우리는 엄마로 살고 있을 테니까요. 그때도 우리는 우리의 엄마를 그리워하고 있을 테니까요.

우리 엄마가 보면 좋겠어요.
우리 엄마가 꼭 보면 좋겠어요.

독자 여러분의 엄마 손에 꼭 쥐어드리는 선물이 되면 좋겠어요.

엄마 그리고 딸로 지구에 오신 모든 분,
폭싹 속았수다.

2025년 5월 어버이날

차 례

제1장 '엄마'라는 단어에 묻어있는 감정들_이순자

1. 슬픔 : 먼저 보내야 했던 _20
2. 사랑 : 봄을 닮은 _22
3. 행복 : 이 얼마나 좋은지요 _24
4. 그리움 : 총총걸음의 단장 _26
5. 정결 : 끝이 없는 _28
6. 헌신 : 묻어둔 마음 _30
7. 편안 : 좋습니다 _32
8. 자비 : 꽃잎 가득 사랑 가득 _34
9. 안타까움 : 굽이굽이 노래로 _36
10. 고요 : 자유의 노래 _38

11. 정성 : 고이고이 _40

12. 동경 : 기억하며 _42

13. 반가움 : 그대들의 눈 _44

14. 감미로움 : 차곡차곡 쌓아두었지요 _46

15. 예쁨 : 엄마에게 드립니다 _48

16. 들뜸 : 음력 6월 21일 _50

17. 활기 : 마음도 출렁입니다 _52

18. 훈훈함 : 감자 수제비 _54

19. 감사 : 산으로 갑니다 _56

20. 신남 : 피어납니다 흘러갑니다 _58

제2장 엔딩 문장을 위해_신경미

1. 열정 : 엄마 폭포 _62

2. 희망 : 무지개 나침반 _64

3. 극복 : 의미 있는 이유 _66

4. 겸손 : 머물게 하는 힘 _68

5. 책임감 : 넓이와 깊이 _70

6. 이치 : 살아내다 _72

7. 여운 : 하늘이자 꽃이었다 _74

8. 응원 : 춤추고 빛나고 _76

9. 용서 : 이제 그만 _78

10. 평화 : 바라보다 _80

11. 위로 : 한 번의 손길 _82

12. 고독 : 선물 _84

13. 만족 : 바로 지금 _86

14. 아름다움 : 닮다 안아주다 _88

15. 순수 : 순간 _90

16. 설렘 : 처음을 기억한다는 것 _92

17. 용기 : 빛 _94

18. 정성 : 덕분입니다 _96

19. 꿈 : 파란 책 _98

20. 추억 : 여전히 우리를 _100

제3장 둥글게 그리고 의연하게 _김채완

1. 하늘 뒷모습 바다 뒷모습 _104

2. 소녀 _106

3. 단짝 친구 _108

4. 창공 _110

5. 눈 그리고 기억 _112

6. 손가락 끝과 눈길이 만나던 _114

7. 몸의 길 마음의 길 _116

8. 스타일 _118

9. 순간 _120

10. 이런 경험 _122

11. 남아있는 사람 _124

12. 언제부터 _126

13. 뒷모습 _128

14. 다시 _130

15. 웅크림 _132

16. 동행 _134

17. 물끄러미 _136

18. 가요 우리 _138

19. 어디로 _140

20. 존재 _142

제4장 문득, 다시 행복_백미정

1. 강 _146

2. 낮술 _148

3. 난, 몰랐다 _150

4. 숲이었다 _152

5. 여섯 살의 엄마에게 _154

6. 엄마꽃 _156

7. 모든 것을 지켜보았고 품었던 너희들아 _158

8. 엄마의 밤 _160

9. 드넓은 안녕 _162

10. Again _164

11. 진자 운동 _166

12. 걷기 날기 _168

13. 댕 _170

14. 엄마의 울음에 _172

15. 나의 나무 _174

16. 고독 그리고 물음 _176

17. 안식 _178

18. 절뚝 길 _180

19. 생의 소리 _182

20. 마침표에서 _184

제5장 엄마의 빈칸은 무엇인가요_ 이정숙

1. 삶 그리고 사람 _188

2. 글 책 딸 _190

3. 아픈 손이 아니기를 _192

4. 구슬픈 식사 _194

5. 머리카락의 그리움 _196

6. 겨울밥 _198

7. 춤 _200

8. 라일락 _202

9. 11월 _204

10. 하얀 빨래 그리고 박하사탕 _206

11. 만남 _208

12. 해피 뉴 이어! _210

13. 나의 집에서 나의 글을 쓰며 _214

14. 그래도 좋다 _218

15. 이별 _222

16. 참 좋겠다 _226

17. 엄마의 언덕 나의 언덕 _230

18. 지금 이 순간 _234

19. 굳은살의 언어 _238

20. 엄마의 노을이 건네는 기도 _242

제1장
'엄마'라는 단어에 묻어있는 감정들

이순자

1

슬픔 : 먼저 보내야 했던

알베르트 에델펠트, 《슬픔》, 1894.

가난한 농부의 아내로
팔 남매를 낳으시고
자식 사랑 끝이 없어
둘째 아들 소식 듣고 달려오니
아들을 먼저 하늘로 보내야 했던 우리 엄마.
그 마음은 어떠했을까?
억장이 무너지는 통곡으로
아들을 가슴에 묻고
먼 길을 홀로 외롭게 가셨습니다.

/슬픔/

슬픈 마음이나 느낌. 정신적 고통이 지속되는 일.

2

사랑 : 봄을 닮은

알프레드 시슬레,《봄의 작은 초원》. 1881.

칼바람 불어오는 겨울을 지나면
연한 새순이 희망처럼 찾아오지요.
우리 엄마 허리 구부려
꽁꽁 언 땅속에서 달래와 냉이를 캐어
자녀에게 들깨냉이국 차려 주셨지요.
엄마의 단 한 가지 소원,
자식들이 잘 되길 지극 정성 기도하였지요.
사랑하는 우리 엄마,
봄을 닮은 우리 엄마,
고맙습니다.

/사랑/

어떤 사람이나 존재를 몹시 아끼고 귀중히 여기는 마음과 그런 일.

3

행복 : 이 얼마나 좋은지요

클로드 모네, 《절벽 위의 산책》. 1882.

거칠지만 따스한 나의 어머니 손 잡고
고향 언덕길을 올라갔더랬죠.

자녀들을 향한 사랑의 마음으로
한곳을 응시하던 정결한 어머니의 시선을
기억합니다.

이제 저는 할머니가 되어
어머니께 받은 그 사랑을 두 배로 전해주려
합니다.

같은 마음을 바라보니,
이 얼마나 좋은지요.

/행복/

생활에서 충분한 만족과 기쁨을 느끼어 흐뭇함.

4

그리움 : 총총걸음의 단장

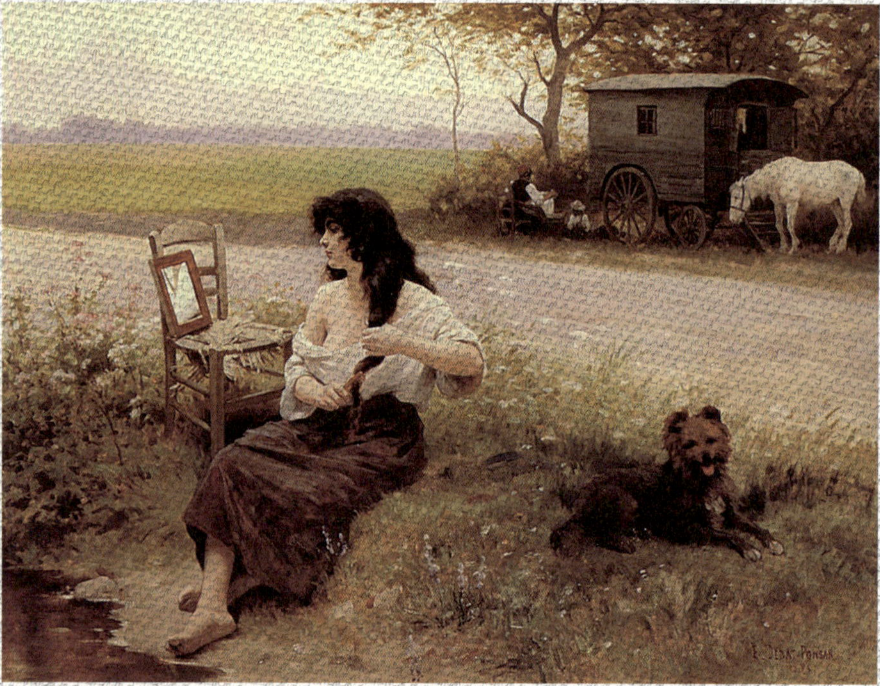

에두아르 베르나르 드바 퐁상, 《집시의 화장대》, 1896.

우리 엄마 이마에 땀 구슬 흐르지요.
고된 노동 잠시 놓고 자녀 위해 장에 가지요.
우리 엄마 화장대는 집시 화장대
기둥에 있는 거울 내려 쪽빛 머리 단장합니다.

모시 적삼 풀을 먹여 총총걸음 장에 가서
간 생선과 과자 사서 집에 오지요.
자녀들은 방글방글 웃음꽃이 가득하고
알뜰한 우리 엄마 그 사랑 그립습니다.

/그리움/

보고 싶어 애타는 마음.

5

정결 : 끝이 없는

월터 맥이웬, 《일터에서 돌아오는 길》, 1885.

어머니는 그늘 없는 들판에서 하루 종일 품앗이를 하셨지요.
동네 분들과 고된 일을 마무리하고
흙먼지를 털어냈을 거예요.
엄마가 오기만을 기다리는 자식들 생각에
집으로 가는 발걸음이 더욱 빨라졌을 테고요.

시골 농부 아낙의 삶이 팍팍하지만
어머니의 사랑은 끝이 없습니다.
눈에 넣어도 아깝지 않은 자식들의 배고픔을 가슴 아파하는
우리 어머니!
자녀들 잘 되길 바라는 정결한 마음으로 살아내신 우리 어머니!
긴 한숨으로 마음 달래며 살아내신
우리 어머니의 사랑을 본받아
험한 세월 안에서 어머니의 사랑으로 살아갑니다.
아낌없이 내어주는 어머니의 사랑을 목이 메도록 불러봅니다.
어머니! 어머니!

/정결/

순수하고 깨끗하고 단아한 것.

6

헌신 : 묻어둔 마음

제임스 티소, 《책 읽어 줄게》, 1879.

목화꽃이 피어나는 따뜻한 봄날
온종일 바쁜 일 고단함의 땀 닦으며
그늘 밑에 앉아 쉬는 시간
엄마의 엄마 이야기에 눈물이 고입니다

자식 사랑 고운사랑 흘러 흘러 내려가도
굽이길 돌아가면 눈물 많은 사연들
꿈을 찾아 떠난 자녀들 언제 돌아올까
엄마 가슴에 묻어둔 마음
얼굴 마주하는 이야기는 애틋함입니다

/헌신/

몸과 마음을 바쳐 있는 힘을 다함.

7

편안 : 좋습니다

메리 커셋, 《굿나잇 허그》, 1880.

엄마의 사랑은 굿나잇 허그입니다.
엄마의 손길은 언제나 성실합니다.
엄마의 두 팔은 안전합니다.
엄마의 가슴은 포근합니다.
엄마의 존재는 언제나 그립습니다.
엄마와의 추억은 언제나 꽃입니다.

엄마의 모든 것이 좋습니다.

/편안/

걱정 없이 좋음.

8

자비 : 꽃잎 가득 사랑 가득

메리 커셋, 《머리 장식을 하고 있는 여인》, 1890.

동트기 전,
엄마는 두건을 쓰고 밭으로 가지요.
새벽일을 끝내고 식구들의 정겨운 아침상을 차립니다.

이웃집 딸이 시집가던 날,
머리를 곱게 단장하고 칼칼하게 풀을 먹인 옷을 입고
이웃집으로 갑니다.

전도 굽고 식혜도 만드는 엄마의 손은 바쁘게 움직이지요.
해가 지는 저녁, 엄마가 돌아올 때
우리는 엄마 손을 쳐다봅니다.

부지런한 알뜰함과 나누어 먹는 지혜로움으로
험한 세상 살아온 우리 엄마,
꿈에라도 오실 때, 꽃잎 가득 사랑 가득 뿌려둡니다.

/자비/
남을 깊이 사랑하고 가엾게 여김. 또는 그렇게 여겨서 베푸는 혜택.

안타까움 : 굽이굽이 노래로

테오필 루이 데이롤, 《5월 브르타뉴의 노래》.

엄마는 힘든 순간에도 일을 하면서 콧노래를 불렀습니다.
한 서린 굽이굽이도 노래로 풀어내었지요.
수건으로 구슬땀을 닦으며
거친 밭일을 하면서도 삶의 고단함을 노래했지요.

그러던 어느 날
평생 건강하셨던 엄마가 입원을 하게 되었어요.
병원에서도 엄마는 약한 모습을
가족들에게 보이고 싶어 하지 않으셨지요.
엄마는 고된 삶을 놓으려 하였어요.
막내딸은 그 손을 놓지 못하였지요.

노래하던 엄마는 그 모습으로
하늘에 가셨습니다.
엄마,
지금도 그곳에서 노래하고 계신가요?

/안타까움/
일이 뜻대로 안되어 애가 타고 답답한 마음이나 느낌.

10

고요 : 자유의 노래

이스트먼 존슨, 《자유를 찾아 달리다-도망치는 노예》, 1862.

엄마는 생활고 때문에

마음대로 할 수 없었던 시기에도

견디고 버텨 주셨습니다.

자식들에게는 꿈을 주고 싶었습니다.

자식들은 고생시키고 싶지 않으셨습니다.

자식들에게는 가난을 유산으로 물려주고 싶지 않으셨지요.

엄마는 자유를 향해,

꿈을 향해

밤마다 도망치고 싶었습니다.

가난의 감옥에서 해방시키기 위해

자식들을 하나 둘, 도회지로 보냈습니다.

엄마는 자식 생각에 밤마다 눈물지었지요.

엄마의 자비로운 사랑 물려받아

이제는 세상을 비추는 별이 됩니다.

엄마의 노래로 삶을 노래합니다.

엄마의 마음으로 아이들을 사랑합니다.

/고요/

조용하고 잠잠함.

정성 : 고이고이

에드윈 해리스, 《달콤한 꿈》, 1892.

자장자장 우리 아가 사랑하는 우리 아가

자장자장 우리 아가 잘도 잔다.

잘도 잔다.

엄마가 불러주시던 자장가가 마음에 떠오르는 오늘입니다.

엄마의 음성이 곱고 달콤하게 들려옵니다.

엄마의 눈빛이 따스하게 다가옵니다.

엄마에게 어리광을 부리고 떼를 쓸 때도

엄마의 젖가슴을 내어주고 다독여 주시던 그 사랑을

지금도 기억합니다.

마흔이 넘어 낳은 막내딸 고이고이 길러 주시고

세상을 품을 수 있도록 사랑의 본을 보여주셨습니다.

자식들이 꿈을 찾아 행복하게 살기를 바랐던 우리 엄마

세상에서 가장 귀한 나의 엄마

꿈에서라도 엄마를 기다립니다.

/정성/

온갖 힘을 다하려는 참되고 성실한 마음.

12

동경 : 기억하며

에밀 뮤니에르, 《각별한 순간》, 1874.

엄마의 젊은 날 엄마도
동경으로 가슴 떨리는 날이 있었지요.
사랑으로 가득한 날도 있었지요.

한 곳을 바라보고 서로의 언어를 주고받으며
낮에는 뜨거운 태양 아래서 땀 흘리고
밤에는 뜨개질과 바느질로 자녀 옷을 해 입히시던 엄마의 사랑
그 옆에서 지켜보던 아버지의 수수한 눈빛이 있었습니다.
아버지는 침묵 속에서 자녀 사랑을 전해주셨지만
그때는 몰랐습니다.

부모님의 젊은 날 고난과 슬픔 그리고 사랑을 기억하며
삶 속에서 물려주신 단단한 마음으로
세상의 빛이 되어 노래합니다.
사랑이 주는 동경의 감정을 소중히 여기며 살아갑니다.

/동경/
어떤 것을 간절히 그리워하여 그것만을 생각함.

반가움 : 그대들의 눈

조지 헬가 힉스, 《잠시 후 행복한 울음을 티트렸지》, 1866.

해가 뜨면 오시려나,

달이 뜨면 오시려나,

다시 만날 수 없으면 어찌하나,

소식 없어 애가 타는 나날은 계속되었어요.

그러던 어느 날, 덜컹 문이 열렸지요.

그렇게 기다렸던 사람은 문 앞에 서 있었어요.

설움도 눈물도 눈 녹듯 사라졌습니다.

오랫동안 소식을 전하지 못한 사연들,

가슴에 묻어두고 와락 안았지요.

아기도 울고, 엄마도 울고, 아빠도 울었지요.

반가워서 울고, 그리워서 울고, 행복해서 울었지요.

아빠의 빈자리 홀로 지켜주던 엄마의 빈 가슴 위에

아빠는 행복 그 자체였습니다.

/반가움/

그리워하던 사람을 만나거나 원하는 일이 이루어져서 마음이 즐겁고 기쁜 감정.

14

감미로움 : 차곡차곡 쌓아두었지요

조지 G. 킬번, 《편지 쓰기》, (1924년 이전)

엄마와 헤어진 딸은
밤마다 엄마가 보고 싶어 숨죽여 울었지요.
열다섯 살 사춘기 시절, 배움에 목말라 엄마를 떠났던 시간들.
보고 싶어요 보고 싶어요
엄마에게 편지를 보내면 걱정으로 한숨도 못 주무실 것 같아
부치지 못한 편지들 차곡차곡 쌓아두었지요.

엄마가 애타도록 보고 싶어 우는 아이처럼
엄마와 함께 했던 기억들을 보챕니다.
이제 엄마의 딸은 세상과 함께 성장하고
세상을 이롭게 하는 사람이 되었습니다.
곱디곱게 키워주신 엄마의 사랑으로
어린아이들을 따뜻하게 사랑하고 존중하는 마음으로
매일 매일 편지를 씁니다.

/감미로움/

정서적으로 아름답고 달콤한 느낌이 있음.

예쁨 : 엄마에게 드립니다

빅토르 가르비엘 질베르, 《꽃시장에서》, 1880.

제1장 '엄마'라는 단어에 묻어있는 감정들

한평생 농부 아내로 살아온 우리 엄마,
꽃같이 예뻤던 젊은 날
세월이 흘러 흘러
얼굴엔 산골짜기처럼 생긴 훈장이 새겨졌지요.

엄마 생각이 안개꽃처럼 피어올라 꽃시장에 갔습니다.
빨간 카네이션 한 다발 엄마에게 드립니다.
부지런하고 선한 마음 물려주시어
오늘도 성실하게 살아갑니다.

힘든 세상 땀으로 이겨내고
고된 삶 긴 한숨으로 인내하고
눈물로 길러 주신 어머니의 사랑은 꽃이 되었습니다.
하늘에서 만날 때까지 편안하세요.
세상에서 제일 예쁜 우리 어머니 나의 어머니!

/예쁨/

생긴 모양이 아름다워 눈으로 보기에 좋음.

들뜸 : 음력 6월 21일

빅토르 가브리엘 질베르, 《아빠의 날》, 1891.

한 아이는 업고 한 아이는 손잡고
시외버스 타고 친정으로 갑니다.
환한 미소와 반가운 얼굴
맨발로 반겨주시던 우리 엄마
팔 남매가 모여 어머니의 생신을 축하합니다.

해가 진 저녁 마당에서 모닥불 피워놓고
도란도란 이야기꽃을 피우며
오래된 민화놀이를 합니다.
가족의 정겨운 소리 밤늦도록 이어집니다.

우리 엄마의 생일은 음력 6월 21일입니다.
엄마에게 설렘을 주는 날이었길 소망합니다.
가장 행복한 순간이셨길 바라봅니다.
아름다운 추억이 되셨길 염원합니다.
땀 냄새 흙냄새가 가득한 고향 집이
엄마의 얼굴로 보입니다.
고맙습니다. 나의 어머니!

/들뜸/

마음이나 분위기가 가라앉지 아니하고 조금 흥분됨.

활기 : 마음도 출렁입니다

빅토르 가브리엘 질베르, 《나들이》.

엄마 젊었던 날,
함께 손 잡고 대구 달성공원에 갔습니다.
큰 언니 가족도 함께 갔지요.
꽃길을 걸었던 추억이 아롱아롱 피어납니다.

가족들이 모이는 날,
거창 수승대에 갔습니다.
온 가족 오순도순 정다운 이야기,
시원한 냇가 그늘 속 추억이 그립습니다.

엄마가 부산 오셨을 때,
영도 태종대에 갔습니다.
바다가 보이지만 바닷가에 가까이 갈 수 없다던 어머니,
시간을 쌓고 쌓아 출렁이는 파도 모습에서
엄마와 한 번만 더 나들이 갔으면 좋겠다는 마음이 출렁입니다.
꽃길이든 시원한 냇가든
나의 어머니와 한 번만 더 함께할 수 있다면 좋겠습니다.

/활기/

활동력이 있거나 활발한 기운.

18

훈훈함 : 감자 수제비

피에르 에두아르 프레르, 《어린 요리사》.

엄마 아빠 들에 가고

언니는 올망졸망 모여있는 동생들을 돌보았지요.

그때 언니가 만들어준 감자 수제비는

최고의 음식이었습니다.

동생들은 언니만 쳐다보았어요.

배고파서 쳐다보고요,

엄마 보고 싶어 쳐다보고요.

굽이굽이 많은 세월 지나갔지만

언니는 엄마 솜씨 닮아

뚝딱뚝딱 우리 집 최고의 요리사입니다.

함께한 추억을 글로 쓰니 참으로 맛납니다.

/훈훈함/

마음을 부드럽게 녹여 주는 따스함이 있음.

19

감사 : 산으로 갑니다

구스타브 쿠르베, 《겨울 사슴의 은신처》.

눈 덮인 산속, 양식 구하러

이리저리 둘러보고 헤매고 있습니다.

눈 내리고 추운 날 따뜻한 아랫목 그립겠지만

가족 사랑하는 우리 엄마는 산으로 갑니다.

착한 사슴도 가족 식구 챙기듯이

우리 엄마 산에서

칡뿌리를 캐어 옵니다.

허기진 우리 엄마

자녀가 희망이고 배부름입니다.

외로움도 이겨내고 추위도 이겨냅니다.

긴긴밤 걱정근심

꿈에다 올려 보내고

다 함께 사는 즐거움을 마음껏 누려봅니다.

/감사/

고맙게 여김. 또는 그런 마음.

20

신남 : 피어납니다 흘러갑니다

펠릭스 발로통, 《공》, 1899.

구슬땀 흘리며 일만 하던 어머니
시골 동네에서 단체여행 갑니다.
아기도 엄마 따라 공원에 가니
즐겁고 신나는 하루였습니다.

팍팍한 살림살이 걱정도 많지만
자연 속에서 큰 숨 쉬고
신나게 놀이하는 자녀 보니
엄마 가슴 속 접어 둔 행복이 피어납니다.

오랫동안 걱정했던 일들 떠나보내고
시원한 바람과 함께 자연 속 하루는
추억의 시간, 반가운 시간은 흘러 흘러갑니다.

엄마의 시간도 우리의 시간도 흘러 흘러갑니다.

/신남/
어떤 일에 흥미나 열성이 생겨 기분이 매우 좋아짐.

제2장

엔딩 문장을 위해

신경미

1

열정 : 엄마 폭포

프레더릭 에드윈 처치, 《나이아가라 폭포》, 1857.

엄마의 열정은
우리 인생을 풍성하게 만들어 주는 폭포다.

/열정/

어떤 일에 열렬한 애정을 가지고 열중하는 마음.

희망 : 무지개 나침반

니콜라이 두보브스키, 〈무지개〉, 1892.

엄마가 보여주는 무지개빛 희망은
우리 인생의 나침반과 같다.

/희망/

어떤 일을 이루거나 하기를 바람. 앞으로 잘 될 가능성.

3

극복 : 의미 있는 이유

조제프 파커슨,
《동쪽에서 서쪽으로 부는 차가운 바람》, 1888.

비바람과 언덕을 극복하는 것이

의미 있는 이유는

엄마의 그림자 덕분이다.

/극복/

악조건이나 고생 따위를 이겨냄. 적을 이기어 극복시킴.

4

겸손 : 머물게 하는 힘

라우릿스 안데르센 링, 《철도 역무원》, 1884.

엄마의 인생길은
겸손에 대한 수업이며
사람을 머물게 하는 힘이 있다.

/겸손/

남을 존중하고 자기를 내세우지 않는 태도가 있음.

5

책임감 : 넓이와 깊이

크리스티안 크로그, 《돛을 묶다》, 1885.

엄마의 책임감은
바람을 동력 삼아 앞으로 나아가는
넓이와 깊이가 있기에
가족과 세상을 변화시킨다.

/책임감/

맡아서 해야 할 임무나 의무를 중히 여기는 마음.

이치 : 살아내다

하리어트 바케르, 《옅은 색 풀밭 위에서》, 1887.

소소한 초록의 흐름과 일상을
잘 살아내는 엄마 덕분에
이치를 배웠다.

/이치/

사물의 정당한 조리. 또는 도리에 맞는 취지.

7

여운 : 하늘이자 꽃이었다

클로드 모네, 《파라솔을 든 여인》, 1886.

나의 탄생은 분명 감격이었고,
그 여운으로 살아간 엄마는
고상한 하늘이자 우아한 꽃이었다.

/여운/

아직 가시지 않고 남아 있는 고상하고 우아한 멋.

떠난 사람이 남겨 놓은 좋은 영향.

응원 : 춤추고 빛나고

페더 세버린 크뢰이어, 《힙 힙 호레이!》, 1888.

엄마의 응원은
우리의 영혼을 춤추게 하고 빛나게 한다.

/응원/

곁에서 성원함. 또는 호응하여 도와줌.

용서 : 이제 그만

블라디미르 예고르비치 마콥스키, 《아빠, 안녕히 계세요》.

용서합니다.
축복합니다.
치유합니다.
우리 엄마처럼.

/용서/

지은 죄나 잘못한 일에 대하여 꾸짖거나 벌하지 아니하고 덮어 줌.

평화 : 바라보다

페데르 모르크 뮌스테드, 《라벨로 해안》, 1926.

산과 바다의 평화로움은
자식들을 바라보는 엄마의 눈이다.

/평화/

조용하고 평안하고 화목함.

위로 : 한 번의 손길

에우제니오 잠피기, 《내 새가 죽었어요》.

엄마는 손길 하나로
가장 깊은 위로를 전하는 마법사다.

/위로/

따뜻한 말이나 행동으로 괴로움을 덜어 주거나 슬픔을 달래 줌.

12

고독 : 선물

마티아스 알튼, 《비》, 1921.

고독은
엄마의 마음에 비가 되어 생명을 선물해 준다.

/고독/

세상에 홀로 떨어져 있는 듯이 매우 외롭고 쓸쓸함.

13

만족 : 바로 지금

바실리 드미트리비치 플레노프, 《모스크바의 뒷마당》, 1878.

푸른 하늘 아래 잔디 위에 누워서도
만족하고 즐겁다.
바로 지금이 엄마 인생의 황금기다.

/만족/

모자람이 없이 충분하고 넉넉함.

마음에 흡족함.

14

아름다움 : 닮다 안아주다

파울 구스타베 피셰르, 《대화》, 1896.

엄마의 아름다움을 바라보고 있는

하늘과 바다는

엄마의 사랑을 닮아 나를 안아준다.

/아름다움/

하는 일이나 마음씨 따위가 훌륭하고 갸륵함.

15

순수 : 순간

빅토르 가브리엘 질베르, 《야생꽃 따기》.

엄마가 온전히 자신에게 몰입하는 순간,
그 마음은 아이처럼 순수하고 꽃처럼 아름답다.

/순수/

사사로운 욕심이나 못된 생각이 없음.

16

설렘 : 처음을 기억한다는 것

빈센트 반 고흐, 《첫걸음》, 1890.

자식의 모든 처음을 기억하고 있는 엄마는
설렘으로 인생을 경작한다.

/설렘/

마음이 가라앉지 아니하고 들떠서 두근거림. 또는 그런 느낌.

17

용기 : 빛

클로드 모네, 《인상, 해돋이》, 1872.

매일 새롭게 떠오르는 태양처럼

나에게 용기를 주는 빛, 엄마입니다.

/용기/

씩씩하고 굳센 기운. 또는 사물을 겁내지 아니하는 기개.

18

정성 : 덕분입니다

구스타브 카유보트, 《정원사들》, 1877.

우리의 아름다운 삶의 결실은
엄마의 정성 덕분이다.

/정성/

온갖 힘을 다하려는 참되고 성실한 마음.

꿈 : 파란 책

다니엘 가버, 《과수원 창가》, 1918.

엄마의 젊은 날 꿈은 사라진 것이 아니라
오늘의 엄마를 기록해 놓은 책이 되었다.

/꿈/

실현하고 싶은 희망이나 이상.

추억 : 여전히 우리를

윈슬러 호머, 《달빛》, 1874.

엄마와 함께한 시간은 지나갔어도
그 추억은 여전히 우리를 빛나게 한다.

/추억/

지나간 일을 돌이켜 생각함. 또는 그런 생각이나 일.

제3장
둥글게 그리고 의연하게

김채완

하늘 뒷모습 바다 뒷모습

발렌틴 알렉산드로비치 세로프,
《타우리스 섬의 이피게네이아》, 1893.

엄마,

엄마는 엄마의 뒷모습을 본 적이 있어요?

엄마,

엄마는 바다가 좋아요? 하늘이 좋아요? 왜요?

2

소녀

알프레드 기유, 《아침 꽃다발》.

엄마,

엄마의 소녀 시절을 표정으로 표현한다면

어떤 표정을 그려보고 싶어요?

엄마의 소녀 시절을 색깔로 표현한다면

어떤 색을 칠해보고 싶어요?

3

단짝 친구

알렉산더 로시, 《어느 여름 날 해변에서》.

엄마,
엄마에게 단짝 친구가 있었어요?
그 친구를 소개해 주세요.

4

창공

아르케디 릴로프, 《창공에서》.

110 제3장 둥글게 그리고 의연하게

엄마는 새가 될 수 있다면

어디를 가고 싶어요?

사는 동안,

언제 훨훨 날아가고 싶었어요?

5

눈 그리고 기억

존 슬론, 《눈 위의 천사들》.

다섯 살 엄마의 겨울은 어떠했나요?

눈이 펑펑 내린다면,

새하얀 눈 위에 무엇을 그려보고 싶어요?

이유는요?

6

손가락 끝과 눈길이 만나던

크리스티안 크로그, 《창가의 오다와 페르》, 1892.

엄마의 손가락 끝과 나의 눈길이 만나던 어릴 적 추억,
거기엔 무엇이 있었나요?

7

몸의 길 마음의 길

크리스티안 크로그, 《벨기에 빌라 브리타니아》, 1885.

엄마는 걷기와 독서 중,
무얼 더 좋아해요? 이유는요?

8

스타일

크리스티안 크로그, 《오다 크로그의 초상》, 1888.

엄마가 좋아하는 옷 색깔,
엄마가 좋아하는 옷 스타일은 뭐예요?

9

순간

알베르트 에델펠트, 《해변에서 노는 아이들》, 1884.

엄마의 어릴 적,
이런 순간이 있었을까요?

10

이런 경험

에드먼드 블레어 레이튼, 《구애》.

엄마,
멋진 남자에게 데이트 신청 받아본 적 있어요?

11

남아있는 사람

필립 윌근 스티어, 《해변의 젊은 여인》.

엄마,
기억의 한편에서 그리움으로 남은 사람이 있는지요?

12

언제부터

아우구스트 마케, 《공원 안의 엄마와 아들》, 1914.

난 언제부터 엄마의 따뜻한 손을 잡지 않았을까요?

뒷모습

토머스 윌머 듀잉, 《여름》, 1890.

엄마, 나의 뒷모습을 바라보면 어떤 생각이 들어요?

다시

윌리엄 M. 채이스, 《계절의 끝》, 1884.

엄마가 다시 돌아가고픈 추억이 있다면
소개해 주시겠어요?

15

웅크림

빈센트 반 고흐, 《슬픔》, 1882.

엄마의 몸과 마음을 웅크리게 하는
괴로운 감정이 남아 있나요?

16

동행

안톤 뤼돌프 마우버, 《북구 풍경, 봄》, 1825.

엄마는 누구의 동행자가 되어 주고 싶어요?

17

물끄러미

루이스 찰스 몰러, 《작은 꽃다발》.

엄마, 이 그림을 보니 어떤 생각이 들어요?

18

가요 우리

앙리 팡탱 라투르, 《봄 꽃다발》, 1865.

엄마, 우리 예쁜 꽃 보며 차 마시러 갈까요?

어디로

프레드릭 차일드 해섬, 《비 오는 자정》, 1890.

엄마, 이런 날에 이 시각에 어디 간 적 있어요?

20

존재

프레데릭 레이턴, 《구불구불한 실타래》, 1878.

엄마, 나는 엄마에게 어떤 존재일까요?

제4장

문득, 다시 행복

백미정

1

강

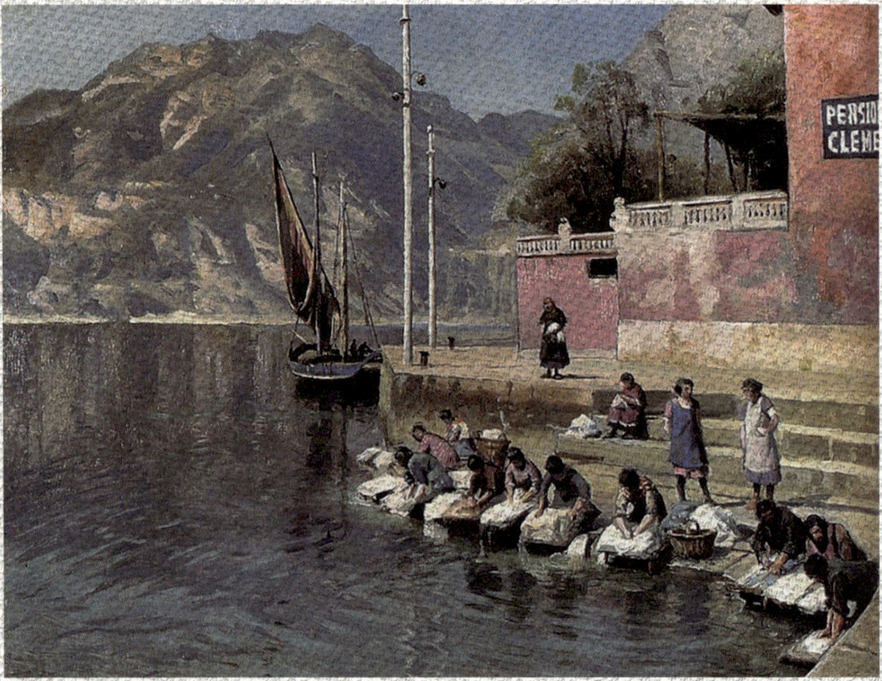

페데르 모크 몬스테스, 《빨래하는 여인들》, 1909.

<u>흐르고 흐르는</u>

기쁨과 슬픔.

오고 가는

기쁨과 슬픔.

그것이 생이더라.

여인이 아닌

엄마의 시간은

그리 흘러갔다.

그리 씻겨졌다.

낭독 후

엄마에게 다시 흘러왔으면 하는 기쁨의 시간은 언제였어요?

2

낮술

안데르스 S. 소른, 《모라 시장》, 1892.

무너지고

쓰러지고

갈 곳 잃었던 이는

엄마였을 텐데

엄마는 또 휘청,

삶을 잡아내었다.

낭독 후

엄마, 취하고 싶었던 삶의 구간이 있는지 궁금해요.

난, 몰랐다

찰스 S. 피어스, 《나무꾼의 딸》, 1894.

난, 몰랐다.

엄마도 누군가의 딸이었음을.

난, 몰랐다.

엄마도 여자였음을.

난, 몰랐다.

엄마의 눈과 옷이 해어져가는 것을.

난,

진짜,

몰랐다.

낭독 후

엄마는 외할머니에게 어떤 딸이었어요?

숲이었다

조반니 세간티니, 《숲에서 돌아오는 길》, 1890.

눈 오고 바람 부는

밉살스런 겨울

동지섣달 긴긴밤에

자식 추워 떨까

온돌방 장작 피워

따끈하게 데워주네

엄마가 만든 눈길은

사계절을 이겨낸

숲이었다.

낭독 후

춥고 서럽던 시절, 엄마는 어떻게 이겨낼 수 있었어요?

5

여섯 살의 엄마에게

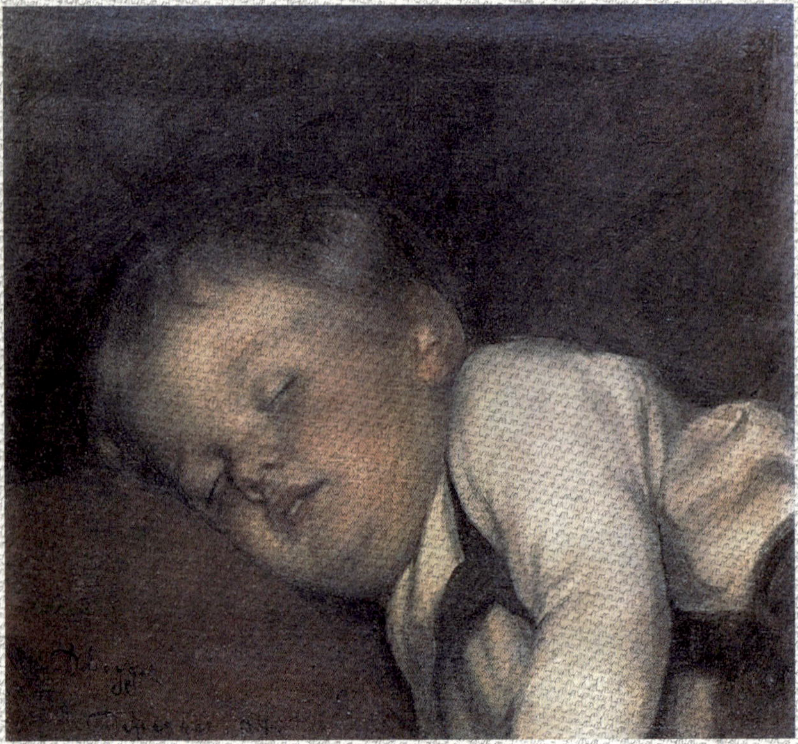

프란츠 폰 데프레거, 《잠에 곯아떨어지다》, 1904.

애야,

너의 꿈은 무엇이니?

애야,

너는 언제 꺄르르 웃어 봤니?

애야,

너의 손가락은 통통하니?

애야,

너의 오늘은 행복하니?

낭독 후

어렸을 적 엄마는 귀여운 아이였나요? 새침떼기 아이였나요?

조용한 아이였나요? 욕심 많은 아이였나요?

여섯 살의 엄마를 등에 업고 싶습니다.

엄마꽃

장 F. 몽샤블롱, 《아미앵의 봄》.

퐁!

우와!

드디어!

엄마도 만개하길.

낭독 후

엄마가 제일 좋아하는 꽃은요?

모든 것을 지켜보았고 품었던 너희들아

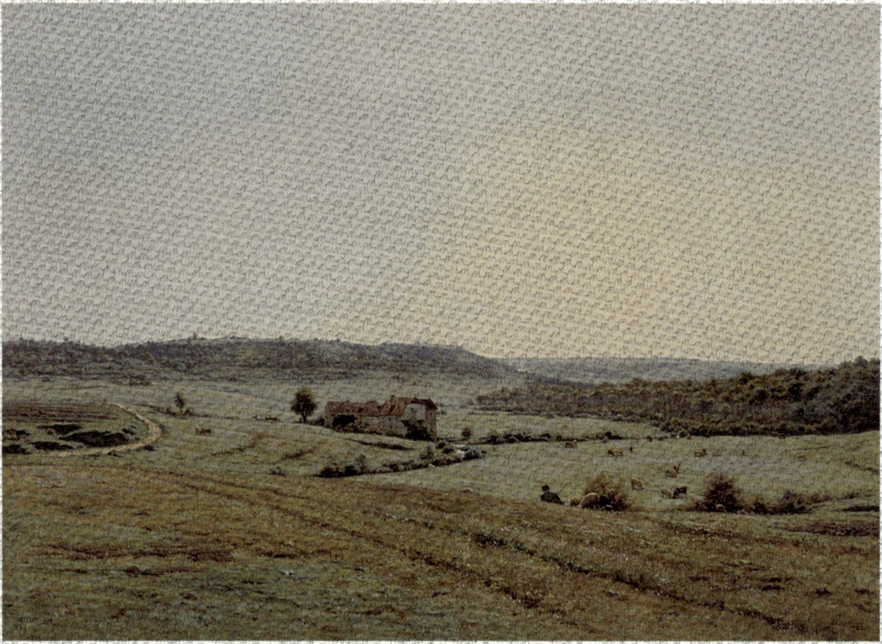

장 F. 몽샤블롱, 《장대한 풍경 속에 있는 어린 양치기》.

나의 모든 것을 지켜보았고
나의 모든 것을 품었던
하늘 그리고 땅아.

사랑해요.
고마워요.
애쓰셨죠.
보고파요.

엄마를 향한 나의 머뭇거림마저도
바람과 구름과 새로 여기며 기억해 주렴.
엄마를 향한 지금 나의 눈물도
뿌리로 개미로 풀로 여기며 전해 주렴.

낭독 후

엄마와 평생 함께했던 하늘과 땅에게 하고 싶은 말, 듣고 싶어요.

8

엄마의 밤

헤르만 헤어초크, 《달빛 속의 모닥불》.

엄마의 달

엄마의 불

낭만이었을까

생존이었을까

낭독 후
엄마 기억 중, 가장 아름다웠던 밤은 언제였어요?

9

드넓은 안녕

필리페 L. J. 사데이, 《어부의 작별 인사》.

안녕.

안녕,

안녕?

안녕!

안녕….

엄마의 드넓은 인생과 함께했던

수많은 안녕의 문장부호는

무엇이었을까

낭독 후

엄마, 제일 슬펐던 인사는 언제였어요?

10

Again

아실 로제, 《봄의 환희》.

다시,

봄이다.

엄마는 봄을,

살랑살랑 기다렸을까.

살금살금 기다렸을까.

엄마의 봄은,

식빵 같았을까.

멸치 똥 같았을까.

엄마가 기다린 봄은,

보내기 위함이었을까.

기억하기 위함이었을까.

다시,

봄이다.

낭독 후

시를 읽고 난 후 엄마 마음에 남는 단어는 뭐예요?

진자 운동

조지 히치콕, 《노란 한련화》.

피고지고피고지고피고지고.

매해 볼 수 있는

필 때도 예쁘고 질 때도 예쁜

울 엄마가 꽃이면 좋겠어.

낭독 후

엄마가 예뻐 보였을 때는 언제였어요?

걷기 날기

마르크 샤갈, 《산책》, 1917.

연결.

자유.

희망.

행복.

동행.

순수.

그리고,

우리

엄마.

낭독 후

엄마가 걸어보고 싶은 곳은 어디에요?

13

댕

윈슬로 호머, 《망루에서 알립니다 만사형통입니다》.

하늘과 바다를 이긴

그의 마음을

굳은살 박힌

그의 마음을

한 번의 종소리로

우주까지 알리어라

낭독 후

이 세상에 알리고 싶은 엄마의 마음을 듣고 싶어요.

엄마의 울음에

폴 랑송, 《울고 있는 여인》, 1891.

그런가 보다 했어요

그냥 그런가 보다 했어요

낭독 후

엄마, 최근에 울어본 적은 언제예요?

15

나의 나무

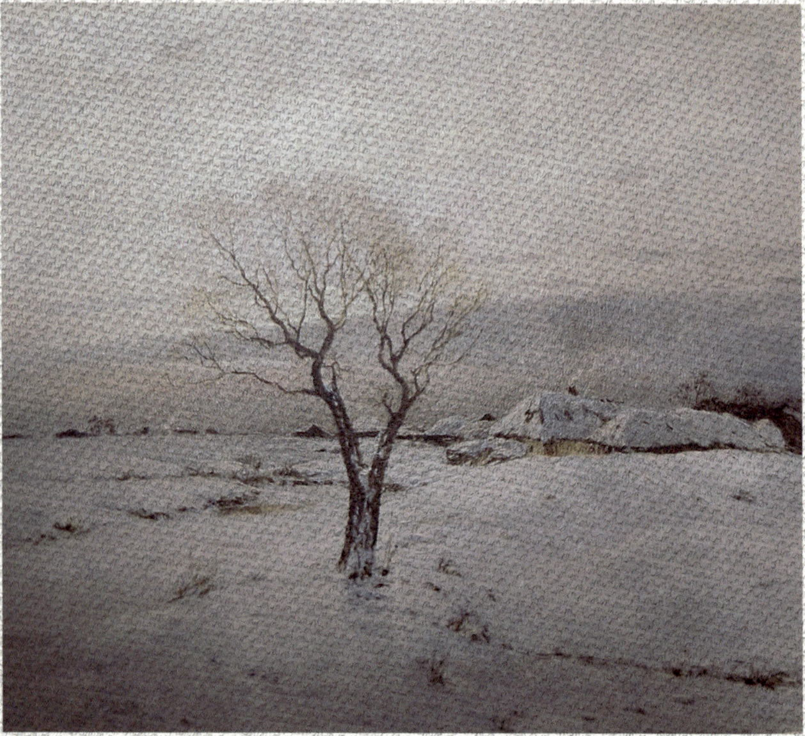

니콜라이 두보브스키, 《몹시 추운 아침》, 1894.

안녕,

나의 나무

예쁘다.

용하다.

자랑스러워!

너를 스쳐갔던 바람들

혼내줄게.

그리고 이젠 너를 지켜주라

명령할게.

봐봐!

하늘과 땅이

고개를 끄덕이고 있잖니.

낭독 후

엄마가 자랑스러웠던 때의 이야기, 들려주시겠어요?

고독 그리고 물음

빌헬름 함메르쇠이, 《햇빛》, 1900.

햇빛이었을까?

창문이었을까?

그림자였을까?

먼지였을까?

엄마의 꿈은.

낭독 후

지금 엄마는 엄마에게 어떤 질문을 해 보고 싶어요?

안식

토마스 윌머 듀잉, 《갈색 지빠귀》, 1890.

엄마를 집어삼켜 버림 좋겠다.

푸름아!

그랬음 좋겠다.

낭독 후

엄마, 어디서 쉬고 싶어요?

18

절뚝 길

로버트 줄리앙 언더딩크, 《블루보넷 밭 사이의 길》.

좁고 긴 길아,
고맙다.

엄마의 아픈 다리
티 나지 않게 해 주어
고맙다.
절뚝거리며 걸을 수밖에
없게 해 주어
고맙다.

내 너를 잊지 않으마.
넓고 긴 마음으로.

낭독 후

엄마에게 건강한 젊음이 선물로 주어진다면,
제일 먼저 해 보고 싶은 게 뭐예요?

19

생의 소리

구스타프 클림트, 《아터제 호수》, 1900.

퐁

퐁

퐁

울 엄마의 모든 것이

퐁

퐁

퐁

이러했음 좋겠어.

낭독 후

엄마의 생을 떠올리면 어떤 소리가 나요?

마침표에서

에드워드 앳킨슨 호넬, 《봄꽃 속의 소녀》, 1900.

바라봄의 마침표에서

봄향기가 나기를

바람

바라봄

봄

낭독 후

잘 살아온 엄마 스스로에게 어떤 말로 격려해 주고 싶어요?

제5장
엄마의 빈칸은 무엇인가요

이정숙

1

삶 그리고 사람

줄리앙 뒤프레, 《건초 만드는 사람》.

엄마에게 사람이란,

_____이다.

왜냐하면, _____ 때문이다.

엄마는 사람이란,
삶의 모든 것이라고 말씀하셨지요.
사람이 전부였다고 말씀하셨지요.
가슴으로 새깁니다.

억척스러웠던 우리 엄마,
엄마의 삶을
너무 늦게 알게 되어 죄송합니다.

2

글 책 딸

줄리어스 르블랑 수튜어트, 《독서》, 1884.

엄마에게 책이란,

_____이다.

왜냐하면, _____ 때문이다.

글을 몰랐던 우리 엄마.
엄마에게 책은 어떤 느낌을 주는 물건이었을까요?
두려움, 수치심, 불안감….
괜찮습니다. 괜찮아요.
저는 책을 가지고 노는 사람으로 잘 살고 있습니다.
남들처럼 못해줘서 미안하다 하셨던 말씀이
오늘 가슴에 사무칩니다.
그냥 엄마의 딸로 행복하렵니다.

3

아픈 손이 아니기를

빅토르 비뇽, 《산책하는 엄마와 아이》.

엄마에게 마주 잡은 손이란,

_____이다.

왜냐하면,

_____ 때문이다.

엄마 손을 잡으려고 발버둥쳤어요.
가을비가 오는 어느 날,
남동생이 태어나던 그 가을날,
기쁨인지 서러움인지 알 수 없는 기억이 떠오릅니다.
엄마와 손잡고 산책하고 싶었습니다.
하지만 따스한 엄마의 손을 느끼지 못했어요.
아들이, 딸이
무에 그리 차별받아야 했는지 지금도 아픕니다.

4

구슬픈 식사

테오필 루이 뒤홀, 《들판에서의 식사》, 1890.

엄마에게 먹는 것이란,

_____이다.

왜냐하면, _____ 때문이다.

여덟 살이었던 나는 동생 돌본다고
아홉 살에 학교 갔어요.
동생을 업고 하염없이 걸어갔어요.
일하러 가신 엄마 찾아 들판으로 산으로
동생 젖 먹이러 갔지요.
엄마의 어떤 날,
마등바우 큰밭에서 너무도 구슬픈 노래를 부르셨어요.
"엄마, 너무 슬퍼. 노래하지 마."
엄마의 입을 나의 작은 손으로 막았지요.
그런데,
엄마 얼굴 감촉이 참 좋았습니다.

5

머리카락의 그리움

크리스티안 크로그, 《그녀의 머리를 땋다》, 1888.

엄마에게 머리카락이란,

_____이다.

왜냐하면, _____ 때문이다.

다섯 살 즈음 어느 여름날이었지요.
엄마의 억센 손길로 제 머리카락을 감겨 주시던 날,
코로 귀로 물이 들어갔어요.
무척 무서웠어요.
육십 년이 지나도 그 감촉과 그 감정이
잊혀지지 않습니다.
부드러운 엄마의 손길이 그리웠나 봅니다.
그때 우리 엄마에게 어떤 일이 있었을까요?

6

겨울밥

크리스티안 크로그, 《생존 경쟁》, 1889.

엄마에게 겨울이란,

_____이다.

왜냐하면, _____ 때문이다.

부모님과 칠 남매가 함께 식사하던
어느 겨울 아침이었어요.
씨래기 된장찌개와 김치만으로도
따뜻하고 풍성했습니다.
그때 아버지와 아들로 보이는 두 사람이
우리 집 대문을 열고 들어왔어요.
밥 좀 주이소.
찌그러진 양은냄비를 들고 쭈뼛쭈뼛했어요.
흔한 밥동냥 풍경 중 하나였습니다.
몸과 마음이 추웠을 그 아버지는 돌아가셨겠죠.
그 꼬맹이는 칠십 세 즈음 되지 않았을까 싶어요.
배고프지 않고 잘 살았기를
잘 살고 있기를 기도하는 새벽입니다.

7

춤

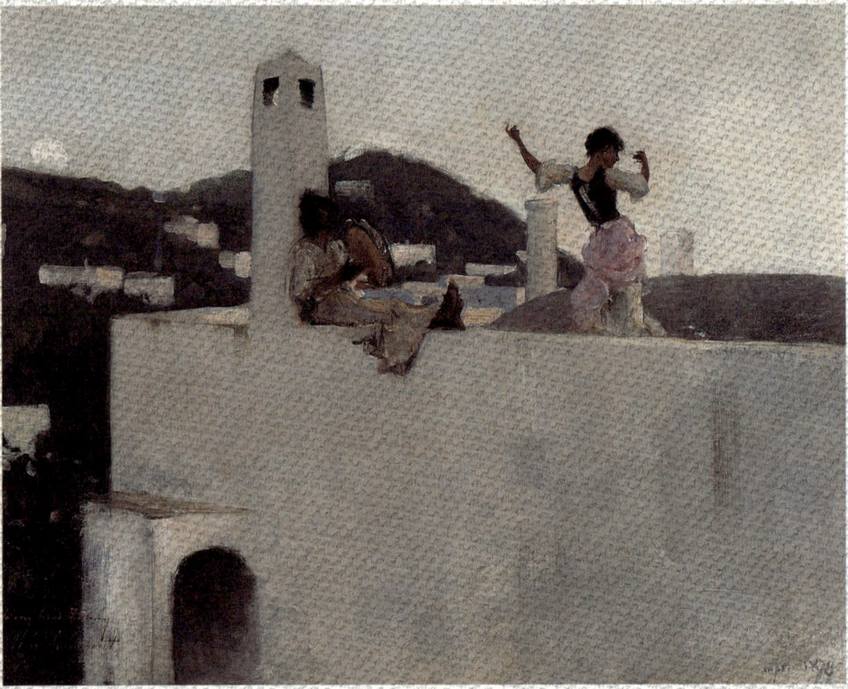

존 싱어 사전트, 《옥상 위의 카프리 소녀》, 1878.

엄마에게 여유란,

_____이다.

왜냐하면, _____ 때문이다.

긴 겨울이 지나고
연둣빛 버들잎이 춤추는 봄날이었습니다.
학교 마치고 돌아오는 길, 음악 소리가 들렸어요.
한 마을에 사는 어른, 청년, 아이들 모두
강변 잔디밭에 모여 있었죠.
쇠고기 국도 쌀밥도 술도 모두 허용된 그곳에서
북소리 장구 소리에 맞추어 춤추는 엄마를 보고
나도 신이 났어요.
곧 다가올 농번기에 앞서 잠시 한가로움을 즐기는 시간에
엄마가 그곳에 계셔서 참 좋았습니다.

8

라일락

메리 커셋, 《창가에 있는 라일락》, 1880.

엄마에게 꽃향기란,

_____이다.

왜냐하면, _____ 때문이다.

막내딸인 내가 엄마가 되던 그 봄,
활짝 피어 있던 라일락이 떠오릅니다.
사랑이 사랑을 이어주던 그 따뜻한 순간을
수고하였다고 한약 지어주시던 엄마의 사랑을
잊지 못합니다.

라일락 향기는 엄마이자 나입니다.

9

11월

칼 라르손, 《11월》, 1882.

엄마에게 11월이란,

_____이다.

왜냐하면, _____ 때문이다.

엄마요.
당신 둘째 딸 남식이 언니가 유난히 11월을 슬퍼해요.
안타까워 죽겠어요.
떨어지는 낙엽을 보면 왜 그리도 서글퍼 하는지요.
가을에 무슨 충격이 있었을까요?
74세가 되었습니다.
이제 치유되어서 단풍 같은 삶을 살기를 원합니다.
올봄에는 네 자매가 여행가는 계획을 세우려고 합니다.
벚꽃 피고 목련 피는 날 남도 쪽으로 떠나면 좋겠지요.
웃으며 음악도 듣고 춤도 추고 맛있는 것도 먹으려고요.
엄마 계실 때는 자주 만났는데 저도 며느리 보고 손자 보니
시간도 마음도 여의치 않았습니다.
더 늦기 전 당신 딸들이 여행을 다녀오겠습니다.
그리고 11월이 되면 우리네 여행이 행복했다 수다떨게요.

10

하얀 빨래 그리고 박하사탕

윌리엄 메리트 체이스,
《빨래하는 날-브루클린 뒷마당의 추억》, 1887.

엄마에게 빨래란,

_____이다.

왜냐하면, _____ 때문이다.

할머니가 돌아가시고 얼마 지나지 않아
외할머니가 돌아가셨다고 전갈이 왔었다.
아이고, 우리 엄마는 돌아가시는 날까지 딸 생각하시는가베.
엄마가 울면서 토해낸 말씀.
그때는 부모님 상을 당하면
흰옷으로 1년을 살으셨기 때문이다.
한 해에 두 분에 대한 상복을 다 치루었다고,
딸 생각하는 엄마라고 울면서 하시던 말씀이 생각난다.
엄마는 외할머니께서 하얀 박하사탕을 좋아하신다고
자주 말씀하셨다.
박하사탕을 보면 외할머니와 어머니 생각이 난다.
나도 박하사탕이 덩달아 좋다.
하얀 빨래 같은, 엄마 같은, 박하사탕.
그냥 눈물이 흐른다.
눈물을 닦지 않고 한참 울었다.

만남

찰스 윌리엄 바틀렛, 《엄마와 아이》, 1900.

엄마에게 자식이란,

_____이다.

왜냐하면, _____ 때문이다.

나의 유년 시절, 새 옷을 입어본 기억이 별로 없다.
대구에 사는 이종사촌 언니의 옷을 주로 물려 입었다.
중학교 갈 때 교복이나 교과서도 대부분 물려받은 것이었다.
불평이나 투정을 부린 적도 거의 없었다.
우리 엄마에게 나는 효녀 딸이었다고 자부했다.
그래서 애 늙은이가 되었나 싶다.
64세가 되어서야 아기가 되는 호사를 누렸다.
보결 춤 중에서 방바닥 댄스로 온몸으로 투정도 부리고
얼굴을 비비기도 했다.
아기가 되어 엄마와 대화하는 춤을 추었다.

어머니, 아기가 되어 그때 누리지 못한 사랑을 스스로 느끼니
참 좋네요. 명화와 춤 그리고 글쓰기로 어머니와
어릴 적 나를 만나는 오늘입니다.

12

해피 뉴 이어!

헨리 모슬러, 《크리스마스 아침》, 1916.

엄마에게 크리스마스란,

_____이다.

왜냐하면, _____ 때문이다.

아버지와 어머니의 덕담으로 웃음꽃이 피는 이른 아침이 우리 집 설날 풍경이었다.
아버지 어머니께 세배를 한 기억보다 서둘러 큰집으로 향하던, 발걸음이 바쁜 엄마의 모습이 더 선명하다.
엄마는 부엌에서 음식을 준비해 방으로 보내고 큰엄마는 제사상을 차렸다. 곧 흰쌀밥을 먹을 수 있다는 기대감으로 기다렸다.

그런 시절을 지나고 지금은 엄마와 큰엄마보다 더 나이를 먹었다.
글도 모르고 평생 책 한 권 못 읽으신 엄마가 삶을 살아내신 지혜에 감동하며 감사드린다.

엄마의 원함으로 책을 읽고 글을 쓰는 내가 참 기특하다.

루틴으로 잡힌 새벽 독서와 새벽 달리기는 영원한 청춘으로 살아가기에 딱이다. 엄마가 못다한 축제의 삶을 딸이 또 나의 딸이 대를 이어서 즐기고 있다.

엄마, 메리 크리스마스! 해피 뉴 이어!

마르크 샤갈, 《크리스마스 판타지》, 1938.

나의 집에서 나의 글을 쓰며

조지 웨슬리 벨로스, 《우드스톡의 나의 집》, 1924.

엄마에게 집이란,

_____이다.

왜냐하면, _____ 때문이다.

외가댁, 그러니까 우리 엄마의 친정집은 오두막이었다.
방이 하나 있었다.
열여섯 살에 시집 왔다, 엄마는 하소연처럼 말씀하셨다.
그러고 보니 나도 열여섯 살까지 아버지, 엄마와 함께
살았다.
시골 청도에서 고등학교를 보내고 도시 대구로 이사왔다.
내 딸은 열여섯 살에 미국으로 유학을 갔다.

16이라는 숫자가 특별해지는 순간이다.
미국에서 격변의 사춘기를 겪었을 딸에 대해 애틋한 마음이
들어 글을 쓰다 말고 서울에 있는 딸에게 전화를 걸었다.

"효빈아, 엄마는 지금 나의 엄마에 대한 그리움을 보랏빛이라고 적었는데, 네게 엄마는 어떤 색깔의 그리움이니?"
"생각해 본 적 없는데요. 그리고 지금 많이 바빠요.
 나중에 이야기할게요."
2주일이 지났고 딸은 전화가 없다.
삼십 대의 나 역시 그렇게 바쁠 수가 없었고
엄마와 소통할 여유도 없었다.

그래 그래, 나도 그때는 바빴단다. 너를 충분히 이해한다.
나의 집에서 나의 글을 쓰며 나의 마음을 남긴다.

빈센트 반 고흐, 《노란 집》, 1888.

그래도 좋다

찰스 S. 피어스, 《고독》, 1889.

엄마에게 고독이란,

_____이다.

왜냐하면, _____ 때문이다.

별이 총총하게 떠 있는 밤,
그래도 우리 엄마는 밭에서 돌아오지 않으셨다.
아버지는 화를 내셨고 우리는 겁이 났다.
호미, 괭이 들고 밭을 일구던 엄마 모습이 눈에 선하다.
얼마나 고단하셨을까, 가슴이 아려온다.

폭싹 속앗수다 드라마를 보면서 많이 울었다.
일제강점기와 6.25 사변을 온몸으로 견뎌내신
엄마와 언니가 거기에 계셨기 때문이다.
엄마와 언니는 이고 지고 온 고사리, 산나물을 말려
생업을 이어나가셨다.
그들에게 고독은 사치에 불과하였으리라.

엄마는 앞마당에서 서글픈 노래를 부르실 때가 있었다.
엄마의 아픈 생이 고스란히 나에게 전해졌다.
나의 살던 고향은 꽃 피는 산골, 고향의 봄 노래를 들으면
다시금 엄마의 아픈 생이 전해져 눈물이 난다.

그래도 엄마 이야기를 하니 좋다.

아서 휴스, 《이삭줍기》, 1912.

15

이별

리처드 레드그레이브,
《마지막으로 고향을 바라보는 이민자》, 1858.

엄마에게 이별이란,

_____이다.

왜냐하면, _____ 때문이다.

엄마, 소를 팔고 논밭도 묵히면서 동생 네로 가기로 결심하셨던 날, 어떤 생각이 들었나요?

동생네 아기가 태어나면 잘 봐 주겠다고 포항 사는 동생네로 합치는 과정에서 엄마는 어떤 마음이었을까?
한마을에서 싸우고 볶고 하면서 지내시던 큰엄마, 그리고 이웃 아지매들을 두고서 떠난다는 엄마의 마음을 그때는 헤아리지 못했다.
30여 년이 지난 지금, 문득 엄마의 사랑과 헌신을 이해하게 되었다.

사랑으로 헌신으로 키운 당신의 손자 승엽이가 작년에 장가를 가서 어여쁜 새색시도 데리고 왔더랍니다.
결혼식 날 뿌듯하게 바라보았지요. 그렇게 원하시던 큰 손자는 인기 많은 학교 선생이 되었어요.

요즘 나는 국악 가수 김준수 노래를 자주 듣는다. '눈물비'라는 노래를 들으면서 우리 엄마께 받은 사랑이 떠올라 따뜻해짐을 느낀다.
못해 드린 것들에 대한 미안함과 함께 가장 가까이 있는 사람들을 많이 사랑하고 빨리 용서하기로 했다.

우리 모두는 지구별을 떠나는 여행자가 된다는 사실을 다시금 가슴에 새기게 된다. 서울 언니로부터 큰언니네 이야기를 전해 듣고 한참을 울었다. 엄마의 가슴에 묻는다는 자식이 먼저 떠났다. 어떤 말로도 큰언니의 아픔에 위로가 되겠나 싶어 전화도 못하고 있다.

그 옛날 산골 소녀였던 엄마가 시집을 왔고 우리들을 낳고 키우고 떠나 보내고 또 맞이하는 순환의 계절에 꽃은 피어났다.

산에는 눈이 한 바가지였다. 내려오니 유채꽃도 목련꽃도 벚꽃도 피어 있었다. 봄은 벌써 우리 곁에 성큼 와 있었다.

클로드 모네,《님페아》, 1698.

16

참 좋겠다

외젠 갈라엥 랄루, 《그랑 볼르바르》.

엄마에게 외출이란,

_____이다.

왜냐하면, _____ 때문이다.

관혼상제 예의와 자녀들의 출산 등
바쁘기만 했던 엄마의 삶.
양반 집안이라는 이유로 제사는 어찌 그리도 많았는지
날짜도 다 외우고 계셨다.
집안에 상이 나면 며칠이고 음식이며 설거지에
쉴 틈 없던 엄마를 기억한다.
어쩌다 외갓집 행사로 외출이라도 하는 날에는
그렇게나 가슴이 뻥 뚫린다고 하셨다.
피부가 유난히 맑고 밝으신 엄마,
얼굴에 조금이라도 화장을 하면 참 고왔다.

시집살이에서 벗어나
친정 오라버니와 동생이 있는 모임에 가시는 날,
환한 대로가 벌써 얼굴에 나타나 있었다.
버스 타러 가는 길은 논두렁, 밭두렁을
1시간 가량 걸어서 나가야 했다.
농사 지은 것들로 떡을 해서 머리에 이고는
예쁜 한복을 입고 가셨다.
돌아오는 날에는 맛있는 제사 음식이나
사탕과 이야기들을 가지고 오셨다.

예쁘고 기쁘고 풍성했던 엄마의 외출 시간,
나와 함께할 수 있으면 참 좋겠다.

시네이 메르세 팔, 《5월의 피크닉》, 1873.

엄마의 언덕 나의 언덕

찰스 커트니 커란, 《언덕 위에서》, 1909.

엄마에게 그리움이란,

_____이다.

왜냐하면, _____ 때문이다.

우리 엄마는 피부결과 머릿결이 좋다는 이야기를 유독 많이 들었다고 하셨다. 긴 머리카락을 땋아 올려서 비녀를 꼽고 계셨던 모습이 지금도 선하다.

외출복으로는 주로 한복을 입으셨다. 외출에서 돌아오실 때는 항상 머리에 무언가를 이고 오셨다. 그 보따리 안에는 먹을 것이 있었다. 산에서 돌아오실 때는 소나무 가지라도 꺾어 와 우리에게 먹으라고 주셨다.

나의 고향 청도군 매전면 장연동은 온통 산으로 둘러싸여 있다. 엄마와 같이 높은 산으로 산나물을 뜯으러 자주 가곤 했다. 높은 산 언덕에 올라서서 엄마는 멀리 외갓집 방향을 바라보며 노래를 흥얼거리곤 하셨다. 외할머니를 그리고 고향을 그리워하던 엄마의 노래가 지금도 들리는 듯하다.

봄이 되니 더욱 그리운 엄마의 언덕 나의 언덕이다.

빈센트 반 고흐, 《바위언덕》, 1888.

18

지금 이 순간

조지 클로젠, 《들판의 작은 꽃》, 1893.

엄마에게 멈춤이란,

_____이다.

왜냐하면, _____ 때문이다.

우리 엄마, 꽃 한 송이 쳐다볼 여유가 있었을까?
이고 지고 늘 바쁘셨거나 아파 누워 계시거나였다.
자식들 밥 든든히 먹이고 싶어서 종종종,
나도 덩달아 종종종, 육십이 넘어서도 나는 종종종.
그리 살지 않아도 되었건만 어릴 때 본 엄마의 모습이
내게 있었음이다.

이제는 들판의 작은 꽃과 대화하고 사진도 찍는다.
바닷가 모래에서도 잘 잔다.
우리 집 마당에서도 햇살 좋은 날 자주 누워서 잠을 잔다.
봄날의 아침 햇살처럼 호사를 누린다.

시도 읽고 쓴다.
음악을 듣고 캠핑 나가는 지금이 참 좋다.
이렇게 살아가고 있는 내 모습을 우리 엄마가 볼 수 있으면 참 좋겠다.

어머니의 인내심과 기도 덕분에 지금 이 순간이 있습니다.
들판의 작은 꽃들을 자주 만나는 사치를 누립니다.
우리 엄마에게 꽃은 우리 칠 남매가 아니었을까요?

에두아르 마네, 《아르장튀유 정원의 모네 가족》, 1874.

굳은살의 언어

장 프랑수아 밀레, 《등불 아래 바느질하는 여인》, 1852.

엄마에게 굳은살이란,

_____이다.

왜냐하면, _____ 때문이다.

바늘 끝에 맺힌 실 한올마다 자식들을 향한 깊은 마음이 스며 있음을 너무 늦게 알게 되었다. 목화씨를 뿌려서 잘 자라게 밭을 매고 목화를 따고 까서 말렸다. 그 목화를 솜으로 타서 이불을 꿰어 큰언니 둘째 언니 셋째 언니 나의 이불을 만드셨다.
낮에는 밭 매고 논 매고 누에 먹이셨다. 호롱불 아래에서 바느질하시던 엄마의 모습이 지금도 선하다.

손끝마다 밴 굳은살에 세월의 무게가 자리 잡고 있었다.
가끔은 졸린 눈을 비비며, 가끔은 한숨을 삼키며, 그렇게 밤을 지새운 날들이 쌓였다. 바느질하는 한 땀 한 땀들이 우리의 단단한 삶이 되었다. 엄마의 바느질 소리는 그 무엇보다 부드러운 자장가였다. 그 무엇보다 깊은 사랑의 몸짓이었고 언어였다.

그리운 나의 엄마 손순연 여사님 보고 싶습니다.

장 시메옹 샤르댕, 《시장에서 돌아와》, 1739.

20
엄마의 노을이 건네는 기도

펠릭스 발로통,
《오렌지 빛과 바이올렛 빛 하늘이 있는 그레이스의 노을》, 1918.

엄마에게 노을이란,

_____이다.

왜냐하면, _____ 때문이다.

엄마의 노을은 때로는 오렌지빛 희망으로, 때로는 단풍잎 빛 그리움으로 스며들어 엄마의 삶을 풍성하게 감싸 안았을 것이다.

젊은 날, 뜨거운 태양 아래 끝없이 흘린 땀방울이 있었다. 억척의 시간이 지나 저녁노을로 변하는 노년의 잔잔한 아름다움도 있었다. 지금은 하늘나라에서 천사가 되어 여유롭게 우리를 쳐다보고 계신다.

'엄마가 보면 좋겠어요.'

글을 쓰는 내내 엄마의 고단했던 삶을 이해할 수 있었고 우리를 향한 사랑을 느낄 수 있어서 참 좋았다.

이 세상 모든 엄마들이 함께 사랑하고 용서하며 이해하는 삶을 살기를 기도한다.

호아킨 소로야 유 바스티다, 《어부 아낙과 아들》, 1908.

이 순 자

나의 어머니는 생을 통해
고단함을 이겨내는 지혜와 자녀들을 사랑하는 진심을 보여 주셨다.
글을 쓰는 내내 어머니가 보고 싶었다.
많이 보고 싶었다.

어머니 덕분에 세상을 굳건하게 살아가고 있음을 고백한다.
어머니의 사랑이 고이고이 흘러가서 어린이집 원장이 되었고
삶과 사람 그리고 사랑을 글로 전하는 작가가 되었다.
이 글은 하늘에 계신 나의 어머니께 불러드리는 노래이기도 하다.

이제 독자들에게 바란다.

엄마에게 사랑을 표현하고 싶을 때 편지를 써 보세요.
엄마에게 추억을 선물해 드리고 싶을 때 함께 여행을 가 보세요.
엄마가 그리울 때 언제든 이 책을 펼쳐 보세요.

신 경 미

나는 엄마를 많이 닮았다.
엄마는 평생 가족을 위해 살았다.
엄마를 보면 항상 가슴이 아리다.

엄마는 늘 나의 멘토가 되어 주셨고,
엄마의 사랑은 나의 자존감을 키워 주었다.
이런 엄마를 존경하고, 자랑하고, 사랑한다.

이제는 내가 엄마에게
늘 편히 기댈 수 있는 친구가 되어 드리고자 한다.
그 시작을 수줍은 고백과 함께하는 오늘이다.

"엄마, 당신의 이야기도 소중해요.
 엄마가 남긴 말, 손길, 미소 하나까지도
 누군가의 가슴속에서 오래도록 반짝일 거예요."

어린이집 원장이자 마음을 나누는 글 쓰는 작가이며
누군가의 삶에 작은 쉼표가 되고 싶은 멘토로 살아가고 있다.

김채완

그림작가이자, 아동미술학원을 운영하고 있다.
'엄마'를 주제로 글을 쓰며
나의 진심을 최대한 간결하게 표현하고자 애썼다.
진리는 단순하기 때문이다.
엄마와 나의 관계를 다시금 다듬는 시간이었고,
주변의 소중한 이들을 떠올리며 삶에 집중할 수 있었다.
나의 글과 마음이 나의 엄마 그리고 대한민국 엄마들에게
잘 전해지길 바란다.

백 미 정

엄마는 딸 셋을 낳았고 나는 아들 셋을 낳았다.
우리의 공평함 그리고 책 출간에 의미를 잔뜩 뿌려
엄마 얼굴이 파묻힐 정도로 큰 꽃다발을 선물로 드려야겠다.
정아, 뭐하러 그라노.
도레미파솔라시도 계이름마냥 정해져있는 답을 하겠지만,
그간 서로 나누었던 생각과 감정은 더 예쁘게 더 야무지게
피어 있으리라.

글쓰기를 가르치는 강사,
책 쓰기를 지도하는 코치 일을 하고 있다.

이 정 숙

이 책을 쓰는 내내 울었다.
'엄마'라는 단어는 절절한 그리움을 품고 있었다.
특히 국악 아이돌 김준수의 노래 '눈물비'를 자주 들었다.
꼭 우리 엄마의 인생이야기 같아 친정 가족방에도 영상을 올렸다.
어쩌다 내 차에 타는 중년의 딸들에게도 들려주었다.
우리 모두 그 옛날 엄마들에 대해 쉽게 이야기를 풀어 놓았다.
같이 울고 웃으며 딸로서 엄마로서 생각과 감정을 함께 나누었다.

우리 엄마가 살아계신다면
드라이브하며 벚꽃 구경하게 딸들과 같이
남도로 떠나자 말하고 싶다.

대한민국 엄마들의 성장을 돕는 줌마대학교 총장이다.